SLIDES
INTELIGENTES

O GUIA PRÁTICO DE **COMO CRIAR SLIDES** PARA
FAZER **APRESENTAÇÕES EXTRAORDINÁRIAS**

Daniela de Lima

Slides Inteligentes

O guia prático de como criar slides para fazer apresentações extraordinárias

DANIELA DE LIMA

1ª Edição

CASA DO
ESCRITOR

Feira de Santana
2018

Slides Inteligentes – O guia prático de como criar slides para fazer apresentações extraordinárias
de Daniela de Lima

Editor

Eldes Saullo

Projeto Gráfico e Editorial

Casa do Escritor

Dados Internacionais de Catalogação na Publicação (CIP)

L732s   Daniela de Lima

Slides Inteligentes – O guia prático de como criar
slides para fazer apresentações extraordinárias
1. Ed. – São Paulo-SP: Publicação Independente /
Casa do Escritor, 2018

ISBN 978-179115428

1. *Ciência da computação, informação e obras gerais.*
I. Titulo.

Sumário

Agradecimentos

Gostaria de expressar minha profunda gratidão aos grupos de pesquisas: "Indivíduo, organização e trabalho" e "Indivíduo, organizações e trabalho: Processos psicossociais" do Instituto de Psicologia da Universidade Federal da Bahia (UFBA), contextos nos quais comecei a trilhar meus primeiros passos no mundo da pesquisa e a preparar minhas primeiras apresentações acadêmicas com a utilização de recursos audiovisuais.

À Luciana, por compartilhar generosamente suas impressões, sobretudo quando leu um rascunho inicial deste manuscrito. Sou grata a ela, assim como a Ângela, Danielle, Deusa, Elson, Grasiela, Lucile e Ordi, que contribuíram para a melhoria deste livro, pela franqueza e orientação.

Sou grata muito à Vanda e Max que contribuíram com grande inteligência e dedicação para a revisão deste livro e cujas perguntas sagazes me ajudaram a aprofundar mais na narrativa.

Às professoras/pesquisadoras Marinalva Ribeiro, Sandra Silva, Sônia Gondim, Susana Pimentel e Wilma Ribeiro que leram este manuscrito com olhos rigorosos e amorosos, obrigada de coração. Agradeço, também, por autorizarem a publicação de seus depoimentos referente a esta Obra.

Ao Eldes Saullo, por sua contribuição valiosa para que este livro se tornasse realidade.

Um agradecimento especial aos meus pais, Nelson e Valdecy. E a minha irmã, Darte.

Depoimentos sobre o Livro

"A ideia da autora escrever este livro foi genial. Criar uma apresentação em slides tem sido uma dificuldade de muitos estudantes e pesquisadores que, no afã de concluir o seu estudo, deixam pouco tempo para essa tarefa, chegando a se estressarem. Nas páginas do material, Daniela explica como usar tal recurso audiovisual, evitando que se torne muleta para o palestrante ou apresentador dos resultados de uma pesquisa."

MARINALVA LOPES RIBEIRO, Ph.D. em Educação, pesquisadora da área de Educação, Coordenadora do Núcleo de Estudos e Pesquisas sobre Pedagogia Universitária (NEPPU), professora plena do Departamento de Educação e do Programa de Pós Graduação em Educação da Universidade Estadual de Feira de Santana (UEFS).

"Slides não poluídos e que atendam aos propósitos pelos quais foram instituídos se destacam e envolvem em espaços de comunicação oral. Assim, recomendo a leitura deste livro para fins educacionais. Isto porque a autora instrumentaliza e inspira leitores de forma prática, dada a linguagem didática e a preocupação em assegurar a qualidade e a legibilidade na criação de slides dinâmicos e envolventes, com foco no ambiente acadêmico."

SANDRA MARIA C. DA SILVA, Doutora em Ciências (USP). Professora Assistente e Coordenadora de Políticas Afirmativas na Universidade Estadual de Feira de Santana (UEFS). Professora Assistente da Faculdade Anísio Teixeira (FAT). Pesquisadora CNPq, integrante do Grupo de Pesquisa Núcleo FEA/USP - Pesquisa em Gênero, Raça e Sexualidade - FEA Research Group in Gender, Race & Sexuality - (GENERAS).

"Um dos grandes desafios que temos como professores e pesquisadores envolvidos no processo de formação de recursos humanos é ajudar a estudantes de graduação e pós-graduação a se socializarem na comunicação científica. O livro 'Slides inteligentes...' apresenta orientações essenciais de uma maneira didática e inteligente, o que o torna fortemente recomendável para todos aqueles que desejam impactar positivamente a audiência. Conforme tento ensinar a meus estudantes: a forma como as ideias são apresentadas ajuda a comunicar com êxito o conteúdo. A leitura deste livro ensina como fazer isto."

SONIA MARIA GUEDES GONDIM, Professora de Graduação e Pós-graduação do Instituto de Psicologia, da Universidade Federal da Bahia (UFBA), Pesquisadora do CNPq, Secretária Geral da Associação Nacional de Pesquisa e Pós-graduação em Psicologia (ANPEPP).

"O conteúdo deste livro traz uma contribuição necessária e importante para estudantes e profissionais que, no exercício cotidiano de sua prática, utilizam-se do recurso de slides para comunicação de ideias. As orientações trazidas pela autora, de modo direto e inequívoco, mostram como utilizar tal recurso e, assim, alcançar o objetivo de atrair a atenção dos ouvintes para o conteúdo exposto, sem tornar a exposição cansativa. Por isso, recomendo a leitura desse livro tanto por profissionais, quanto por acadêmicos no preparo da apresentação de seus trabalhos científicos."

SUSANA COUTO PIMENTEL, Doutora em Educação, pesquisadora da área de Educação Especial na perspectiva inclusiva, Coordenadora do Grupo de Estudos sobre Educação, Diversidade e Inclusão (GEEDI) e do Núcleo de Pesquisa sobre Formação para Docência no Ensino Superior (NUPEDES), professora associada da Universidade Federal do Recôncavo da Bahia na graduação e no Mestrado Profissional em Gestão de Políticas Públicas e Segurança Social e do Programa de Pós-Graduação em Educação da Universidade Federal da Bahia.

"Este livro se apresenta como uma ferramenta útil para aqueles que não querem errar nas suas apresentações e, ainda, realizá-las com estilo. De linguagem fácil e agradável, instruções coerentes e elucidativas, este livro vem contribuir de forma significativa para o conhecimento sobre produção de slides adequados. Recomendo a leitura para iniciantes e veteranos na arte de realizar apresentações."

WILMA RAQUEL BARBOSA RIBEIRO, Doutora em Psicologia (UFBA), Coordenadora de Pesquisa da Faculdade Adventista da Bahia (IAENE).

"Havia duas estradas no bosque.
Em determinado ponto elas se separavam.
Eu peguei a estrada menos percorrida.
E isso fez toda a diferença".

Robert Frost

Nota da Autora

N a atualidade, muitos eventos científicos costumam disponibilizar modelos de slides para os participantes com o intuito de manter um padrão nas apresentações. No entanto, esta medida se reduz a aspectos de design, tais como: a moldura das transparências (lâminas) e o tamanho da fonte (título, subtítulos, texto).

Para assegurar a qualidade e a legibilidade dos slides, outros fatores também devem ser levados em consideração, por exemplo: a quantidade da informação textual, as partes de um trabalho científico a serem expostas nas transparências, a organização do conteúdo, o tipo de cor, o formato de fonte a ser usado, quando e como usar ilustrações.

Diante do exposto acima, decidi escrever um livro que venha orientar na produção de **slides inteligentes** para apresentações científicas. O conteúdo dele foi produzido a partir da literatura encontrada acerca desse assunto, ainda escassa e, diversas experiências empíricas acumuladas na minha trajetória acadêmica ao preparar transparências em grupo de pesquisa para apresentar em eventos científicos (ex., congressos, simpósios, seminários, encontros). As sugestões e recomendações contidas nesse material são para slides preparados no PowerPoint.

Esse material é multidisciplinar, ou seja, pode ser utilizado por professores, estudantes e pesquisadores de vários campos do saber, na elaboração de slides para apresentações científicas e acadêmicas.

E o melhor de tudo! Para preparar **slides inteligentes** você não precisa de conhecimentos avançados em PowerPoint e nem de criatividade. Esta última ajuda, mas você não dependerá dela, necessariamente, para fazer isso.

A produção de **slides inteligentes** também não envolve um conjunto de regras rígidas ou receitas infalíveis uma vez não existem normas da ABNT, APA ou qualquer outra sobre construção desse tipo de recurso audiovisual. O intuito desse livro é orientar você, por meio de recomendações e sugestões incrivelmente simples e práticas, a preparar lâminas mais legíveis com boa qualidade e eficientes, em sintonia com o tema, com o assunto transmitido oralmente e com o público ouvinte.

As recomendações e sugestões presentes neste livro contribuem para facilitar e encurtar o seu caminho na produção de slides inteligentes e podem ser adaptadas a outros contextos e ocasiões. Para isso, basta ter bom senso.

Para facilitar a apreensão do conteúdo, este livro foi dividido em cinco partes:

- A primeira parte trata sobre a importância de produzir slides de qualidade;
- Na segunda é revelada os segredos dos slides inteligentes;
- Na terceira são explicadas quais são as partes de um trabalho científico que se deve buscar expor nos slides;
- A quarta aborda sobre os aspectos necessários para assegurar a legibilidade dos slides;
- E por fim, demonstra-se um exemplo de apresentação em PowerPoint contemplando os três últimos tópicos citados anteriormente.

PARTE I
POR QUE É TÃO IMPORTANTE PRODUZIR SLIDES DE BOA QUALIDADE?

A preparação de slides para apresentações orais é uma atividade frequente durante a vida acadêmica. Possui variadas finalidades, por exemplo: para apresentar trabalhos de conclusão de curso (monografias, dissertações, teses), seminários, realizar defesa de projetos de qualificação de mestrado e doutorado, apresentações em eventos acadêmicos ou científicos, etc. Todavia, o apresentador deve ficar atento para a qualidade desse recurso audiovisual em suas exposições. Abaixo são traçados alguns dos principais motivos que elucidam a importância de se **produzir transparências de boa qualidade.**

Slides de boa qualidade resumem bem a essência de um trabalho acadêmico ou científico com pouca, mas poderosas informações textuais.

Slides de boa qualidade ajudam a transmitir um conteúdo, vender uma ideia ou defender um ponto de vista de forma eficiente.

Excesso de informação nos slides tende a tornar a apresentação cansativa, chata e desinteressante.

Pesquisadores na área de ergonomia*, como Mário Cézar Ferreira, afirmam: "a performance dos indivíduos é melhor quando a apresentação de informações é mais compatível com as suas características de funcionamento cognitivo e com os mecanismos que orientam a sua senso-percepção." Por exemplo, apresentar informações curtas e diretas ajuda o sujeito na aquisição do conteúdo, tendo em vista que a memória de curto prazo é de capacidade reduzida.

Ainda, segundo o autor, as descobertas de estudos científicos também mostram que "o sujeito que observa tem preferência por objetos mais salientes (quanto ao contraste, cor, brilho...) e que se localizam no centro de seu campo visual." Por isso, quando você for preparar uma apresentação, invista seu tempo criando slides que facilitem a compreensão das informações e a interpretação dos dados.

A preparação e a utilização adequada dos slides colaboram para o êxito da comunicação oral e para a qualidade do evento onde esta se insere.

Você também deve levar em consideração que a linguagem falada representa apenas 7% do que conseguimos transmitir no processo de comunicação. Logo, é essencial se utilizar de outros recursos que contribuam para o sucesso de uma apresentação oral, como por exemplo, os slides.

A programação de eventos científicos engloba diversas áreas temáticas e os participantes, por sua vez, estão expostos há uma grande quantidade de informações advindas de diversos trabalhos produzidos por pesquisadores, profissionais e estudantes. Portanto, uma das formas para despertar, atrair e manter a atenção deles para o seu trabalho é garantir a **visibilidade** e a **legibilidade** dos slides durante a apresentação.

Ao preparar slides, lembre-se também que você pode não dispor de um ambiente adequado para fazer sua apresentação e muitos fatores poderão contribuir para prejudicar a visualização deles, como um projetor de má qualidade, locais com iluminação inadequada, entre outros. Por isso, é muito **importante** que você assegure a qualidade e legibilidade destes.

Lembre-se que os slides de sua apresentação farão conexão com o seu público. Diz a máxima popular que a primeira impressão é a que fica. Então, como você quer ser lembrado?

PARTE II
A CIÊNCIA DOS SLIDES INTELIGENTES

A produção de **slides inteligentes** é resultado da combinação de três segredos da comunicação. Embora os mesmos permaneçam em grande parte ocultos nas transparências, ainda assim influenciam de forma direta a qualidade da transmissão do conteúdo e de sua compreensão. **E eles precisam ser identificados nas apresentações.**

Cada um desses três segredos da comunicação é algo que a maioria das pessoas já tem uma certa noção. Mas, como nem todo conhecimento que adquirimos nós costumamos colocar em prática, é comum deixá-los passar despercebidos no momento de elaborarmos os nossos slides e, por isso, chamo-os de segredos.

Os segredos fazem o apresentador ter em mente as três maneiras de se comunicar com seu público. Essas três técnicas simples de comunicação, certamente, aumentarão a probabilidade dos seus ouvintes prestarem atenção em você, de compreenderem melhor o conteúdo de sua apresentação em um ambiente acadêmico ou em um evento científico. Por consequência, ampliar as **chances de valorização de seu trabalho, de você conquistar o respeito da sua plateia, obter o reconhecimento dos seus colegas e**

elevar o nível de sua reputação enquanto estudante ou profissional.

Eu sei que isso parece muito bom para ser verdade e eu também em seu lugar estaria um pouco receosa em ouvir isso. Mas, eu já os experimentei e vi que funcionam, assim como observei várias pessoas os aplicarem na produção de seus slides. Aprendi esses três segredos da comunicação quando fiz parte de um grupo de pesquisa no Instituto de Psicologia da Universidade Federal da Bahia, há alguns anos atrás e foi lá que ouvir falar deles pela primeira vez. Com a experiência adquirida por meio da aplicabilidade destes em minhas transparências e o sucesso obtido na transmissão do conteúdo, comecei a aplicá-los nas apresentações de colegas e pude verificar os mesmos resultados.

Finalmente, cheguei à conclusão de que uma boa apresentação produzida em PowerPoint não tem que ser complicada e difícil. Na verdade, aprendi com minha própria experiência que uma produção de slides para uma apresentação realmente rica é simples, eficiente e interessante – tanto para o apresentador quanto para o público.

Nesse momento, você deve está se perguntando: quais são os três segredos da comunicação envolvidos na produção de slides inteligentes? Antes de responder a essa pergunta, deixe-me exemplificar **como a maioria das pessoas costumam criar suas transparências e porque estas não são eficientes.**

Primeiro exemplo: "Slides bengala"

Muitas pessoas criam os slides com o intuito de fazê-los de bengala, ou seja, injetam uma quantidade enorme de informações neles, fazem dos mesmos a sua fala e realizam a leitura de todo o texto projetado. Enquanto outras têm dificuldades de selecionar apenas o que é essencial para colocar nestes e, por isso, os sobrecarregam. O problema desse tipo de transparência é que ela torna a apresentação densa, cansativa, chata e entediante para quem está assistindo, dificultando a retenção das informações, anulando o papel do apresentador, revelando a falta de domínio sobre o conteúdo exposto nas lâminas e, por conseguinte, compromete a sua reputação.

Nota: As informações textuais presentes nos slides têm a função de facilitar o entendimento do público com relação ao que está sendo abordado durante a apresentação e proporcionar um apoio visual ao apresentador, por isso devem ser usadas de forma moderada.

Segundo exemplo: "Slides de teste de acuidade visual"

Ao preparar os slides, uma boa parte das pessoas toma como parâmetro para estabelecer o tamanho da fonte à qualidade de visualização na tela do computador, ou seja, se uma fonte 16 visualiza bem, então, esta é escolhida para ser utilizada. Entretanto, esse critério de seleção nem sempre reflete o tamanho ideal de letra quando projetada por meio de um projetor de multimídia (Datashow) e a depender também da profundidade da sala onde a apresentação for realizada, a visibilidade do conteúdo (ex., texto, imagens, gráficos) pode ficar bastante comprometida.

Algumas pessoas também selecionam o tamanho da fonte em função da quantidade de informações nos slides. Quanto mais conteúdo menor a letra. Além disso, é possível encontrar nas transparências a utilização de fontes com serifas* e/ou cursivas* que dificultam a leitura.

O problema com esses tipos de slides é que eles irritam e dispersam a atenção dos ouvintes, afinal ninguém gosta de ler transparências sobrecarregadas de informações e, principalmente, com letras miúdas e inadequadas para a leitura.

> **Nota:** O ajuste adequado do tamanho e do tipo de fonte nos slides e a quantidade adequada de informação neles facilita a leitura por parte dos ouvintes, até mesmo para aqueles que estão usando óculos e sentados no fundo da sala e ainda evita submetê-los a um teste de acuidade visual.

Terceiro exemplo: "Slides desarmônicos"

A desarmonia nos slides começa quando as pessoas optam por tons de fundos e cores de fontes que não estabelecem um bom contraste entre plano de fundo, texto e ilustração e/ou não utilizam nenhum critério para destacar as informações presentes no corpo destes, simplesmente, elas saem colocando cores fortes em tudo e, por consequência, não conseguem destacar o que realmente precisa ser realçado nas lâminas.

Em outros casos, observa-se a exposição de informações textuais e de ilustrações nas transparências sem uma formatação adequada, que ajude a promover coerência, leveza e harmonia entre elas e também com outros elementos presentes na criação dos slides, como por exemplo, a moldura das lâminas.

O problema com esses tipos de slides é que eles prejudicam a legibilidade e a visualização das informações escritas e visuais (ex., gráficos, imagens), o que pode gerar irritação, mal-estar e, por consequência, perda de capacidade de concentração e interesse, além de passar a ideia que o apresentador não respeita e nem se importa com os ouvintes.

Nota: O uso da cor de forma harmônica, um bom contraste entre figura-fundo e a formatação adequada do conteúdo nos slides colabora para facilitar a apresentação de informações, agilizar a compreensão do assunto abordado, tornar as lâminas limpas, claras, aprazíveis e mais intuitivas aos olhos de quem as visualizam.

Quarto exemplo: "Slides desconectados"

Muitas pessoas iniciam a elaboração de seus slides sem antes fazer um roteiro. Essa falha pode resultar em lâminas sem conexão e, na maioria das vezes, faltando partes fundamentais. Esse caminho conduz o público a uma falta de compreensão em relação ao assunto que está sendo abordado.

Se você já escreveu um projeto de pesquisa ou um artigo, por exemplo, deve ter observado que eles não são feitos de partes isoladas. Tudo neles tem uma finalidade!

Nota: Na hora de elaborar os slides de sua apresentação não abra mão das técnicas de roteirização: apresente o cenário, ou seja, contextualize o problema de pesquisa; indique o que motivou a fazer a pesquisar; exponha a proposta de solução para o problema; demonstre o caminho traçado para resolvê-lo; descreva as descobertas que foram feitas por meio da pesquisa; apresente discussões sobre o que significam os achados e como os interpretam; revele as contribuições trazidas para o campo de investigação ao qual o estudo pertence e, para finalizar, fale das limitações encontradas e de possibilidades de novos trabalhos sobre o tema. Essa forma de "fatiar" a informação evita uma perda de conexão, a falta de partes relevantes do conteúdo, fornece uma sequência lógica de raciocínio.

Quinto exemplo: "Slides selfish"

Existem muitas pessoas que até conseguem produzir slides com uma boa formatação, criam lâminas mais legíveis, colocam a informação escrita de forma sucinta, apresentando uma ideia por transparência, enfim, estas não cometem os mesmos erros citados nos exemplos anteriores. No entanto, elas esquecem de se colocar na perspectiva dos seus ouvintes e elaboram lâminas mais direcionadas à auxiliá-las durante a apresentação oral.

E, por falar nisso, este é um erro muito comum que a maioria das pessoas cometem na hora de criar apresentações de slides. E ele está presente também nos exemplos anteriores.

O problema desse tipo de slides é que o conteúdo exposto nas lâminas não é pensado e organizado de forma que facilite a compreensão pelos ouvintes, ou seja, que auxilie os mesmos a visualizarem em suas mentes o que está sendo apresentado e, assim, absorvam melhor a informação. Logo, esse exemplo de transparência não ajuda o apresentador, de maneira efetiva a passar um conteúdo, a compartilhar um conhecimento, a comunicar uma descoberta científica, a vender uma ideia ou a defender um ponto de vista diante de uma plateia, apenas dificulta e atrapalha o alcance dessas finalidades.

> **Nota:** Lembre-se que não é culpa dos ouvintes não entender a informação presente nos slides. O apresentador é que tem que organizá-la nas lâminas de modo que sua compreensão seja facilitada. Para fazer isso, ele deve pensar antes no objetivo pretendido com a apresentação.

Agora que você já sabe como uma grande parte das pessoas costuma criar seus slides e por que estes são ineficientes, vou expor para você quais são os três segredos da comunicação envolvidos na produção dos slides inteligentes, o motivo de serem eficientes e o que você deve fazer para assegurá-los em suas transparências:

Coerência: significa que as ideias se conectam e fluem logicamente de um tópico para outro. Quanto mais coerentes forem as informações presentes nos slides, maiores as chances de fazer sentido para o público e dele se conectar também com a linha de raciocínio exposta pelo apresentador.

Objetividade: se refere à apresentação das ideias principais do trabalho de forma precisa, sem arrodeio e em conformidade com o objetivo pretendido. A precisão do conteúdo dos slides facilita a comunicação com o público e evita a perda de sua atenção.

Síntese das informações: diz respeito à abreviação do conteúdo informacional. Uma quantidade moderada de texto nos slides é importante para: facilitar o entendimento do público sobre o assunto tratado e a absorção dele, evitar que alguém se perca durante a apresentação e nortear o apresentador em sua exposição.

Mas, como eu disse no início desse capítulo, essas três técnicas da comunicação precisam ser identificadas nos slides. Para obtê-las e assegurá-las em suas transparências, você terá que cuidar de três aspectos presentes na criação delas: seleção de conteúdo, organização das informações e formatação.

E é exatamente na execução desses três aspectos mencionados no parágrafo anterior que muitas pessoas se perdem e falham e, por isso, elas não conseguem produzir uma apresentação com um alto nível de qualidade com o auxílio do PowerPoint. Neste livro, vou te ensinar de forma **super simples, prática e objetiva** como fazer isso. Meu desejo é que você não tenha que aprender por tentativa e erro, como foi o meu caso.

Agora que você já conhece as três técnicas de comunicação presentes na elaboração dos **slides inteligentes**, porque elas são eficientes e quais os aspectos a serem cuidados para assegurá-las em suas lâminas. **Tente, nas etapas seguintes desse livro, não se esquecer de colocar-se no lugar dos seus ouvintes.**

Os benefícios reais das três técnicas de comunicação, naturalmente, acontecem quando levamos em consideração os nossos ouvintes. Quando construímos slides numa perspectiva que também faça sentido para eles, ou seja, organizar a informação de maneira que os mesmos possam entender. **Isso auxilia a prever possíveis dúvidas e má interpretação sobre o conteúdo e, por conseguinte, proporciona uma maior clareza à apresentação e, ainda, aumenta muito mais as chances do público prestar atenção,** porque este percebe quando o conteúdo é estruturado nas lâminas para facilitar sua compreensão.

Lembre-se: comunicar-se com o público é como dirigir um carro numa rua de mão dupla: funciona melhor quando a informação flui livremente nas duas direções.

PARTE III
SELECIONANDO O
CONTEÚDO DOS SLIDES

Levantamento e organização das informações que serão inseridas nos slides:

Antes de iniciar a elaboração dos seus slides, crie um roteiro com os tópicos principais que compõem o trabalho científico que você deseja apresentar. Como resultado, você conseguirá visualizar por onde começar, desenvolver e finalizar sua apresentação. Em seguida, utilize essas informações para organizar a estrutura da apresentação nos slides.

Uma outra vantagem em relação ao roteiro é que ele ajuda a economizar tempo na frente do computador na hora de preparar os slides e evita a criação de lâminas sem conexão e sem ausência de informações essenciais.

Tomando como referência o que foi mencionado nos parágrafos anteriores, se o material para ser apresentado é um artigo, fruto de um estudo empírico, por exemplo, como poderíamos estruturar o conteúdo nos slides? Partindo do pressuposto que o roteiro já foi elaborado com os principais tópicos contidos nele, podemos tomar os seguintes passos:

No primeiro slide informar o **título do estudo, o(s) autor(es), a filiação** (instituição à qual se vinculam os autores), **cidade, estado** e o **ano da apresentação** e a **agência de financiamento**, quando for o caso.

No segundo slide inserir o tópico: **Introdução** - buscando expor as ideias principais contidas nele (ex., porque é importante o problema, a justificativa do estudo).

Em um outro slide colocar o tópico: **Objetivo(s)** para apresentar o(s) objetivo(s) do estudo. E/ou a(s) **questão(ões) de pesquisa.**

Caso o estudo apresente: **Hipótese(s)** crie um tópico sobre ela(s) em um slide e (a)s descreva(m).

Depois, em um novo slide, indicar a **Metodologia** empregada e as informações pertinentes a ela em forma de **subtópicos**, a saber.

Natureza do estudo (ex., qualitativo, quantitativo) e o **tipo de estudo** (ex: exploratório, descritivo, correlacional, explicativo).

Participantes (ex: local, quantidade de participantes, métodos de seleção da amostra, critérios de inclusão/exclusão no estudo, características sócio demográficas, como: idade, sexo, escolaridade etc).

Instrumentos e Materiais (ex: técnicas usadas para a coleta de dados, testes, entrevistas, questionários, observações). Assim como os materiais empregados para execução da pesquisa (ex., gravadores, máquina fotográfica, câmara filmadora).

Procedimentos (ex: como foi realizada a coleta de dados: foi realizada no local de residência, trabalho dos participantes, ou foi realizada em locais públicos? Foi em uma única sessão?).

Análise dos dados (ex: foram realizados tratamentos estatísticos dos dados, se sim, quais tipos de estatísticas? Os dados qualitativos foram analisados de que forma? Foram baseados em alguma teoria? Qual a metodologia de análise utilizada?).

Em outro slide colocar os **Resultados** principais encontrados na pesquisa (que correspondem ao objetivo). Alguns manuscritos, além de informações textuais, costumam mostrar as evidências empíricas em forma de tabelas, quadros, gráficos, diagramas e outras ilustrações que facilitam a visualização e a compreensão por partes dos ouvintes. Aproveitá-las para inserir nas transparências reduz a necessidade de texto e torna a comunicação dos achados mais dinâmica.

No próximo slide incluir também o tópico **Discussão** – aqui a ideia central é discutir o que significam as descobertas da pesquisa, como são interpretadas de acordo com o referencial teórico utilizado no estudo, comparando os achados com a literatura da área em que a pesquisa está inserida e destacando suas contribuições.

Para finalizar, no tópico das **Considerações Finais** mencionar limitações do estudo, sugestões para pesquisas futuras em relação ao assunto abordado naquele determinado campo.

E no último slide, terminar com um "Obrigado(a)" e o(s) e-mail (s) do(s)(as) autor(es)(as).

As **referências bibliográficas** usadas no corpo do texto deverão ser citadas no rodapé dos slides onde a citação é mais adequada.

Evite Referências bibliográficas ao final dos slides de uma comunicação oral em um evento científico. A não ser que você esteja interessado em utilizá-las para o momento das perguntas abertas ao público. Nesse caso, escolha as fontes e apresente cada uma em um slide com letra grande para que as pessoas possam ver. E estude-as para responder as questões que podem emergir dos ouvintes.

A inclusão de referências ao final de uma apresentação tem uma utilidade duvidosa, uma vez que são apresentadas em poucos segundos e de forma ilegível com letras minúsculas, o que torna o slide inútil.

Recomendações:

Para cada novo tópico utilize slides diferentes. Cuidado com o uso de siglas e termos técnicos, eles podem dificultar a compreensão da informação pelo público, principalmente, se este for muito variado e possibilitar perda da atenção deles. **Lembre-se: mais importante que comunicar um conteúdo é o público entender a informação!**

Procure extrair conceitos chaves e ideias centrais de cada tópico e subtópico para colocar nos slides. Evite excesso de informações, assim como colocar textos corridos, a menos que deseje colocar uma citação de um autor. Não se esqueça: resumir é a arte de cortar palavras.

Os slides devem ser elaborados com o intuito de consolidar a sua fala e não de repeti-la. Seja sucinto, coloque neles apenas o essencial e complete o conteúdo durante sua própria arguição, desenvolvendo seu raciocínio de forma natural e fluída, cara a cara com os ouvintes.

A **quantidade de slides** a ser produzido deve levar em consideração o tempo da apresentação. Em geral, mas não de forma rígida, costuma-se calcular um minuto para cada lâmina. Esse tempo é relevante também para o público ler e absorver mentalmente o conteúdo de cada transparência.

Resumindo o que foi explicado neste capítulo: você primeiro deve verificar como está estruturado o trabalho científico. Em seguida, separe os tópicos e subtópicos principais que auxiliam na organização do conteúdo deste. Depois, você extrai as ideias centrais contidas em cada um deles. E, por fim, organize todas essas informações anteriores nos slides levando em consideração a ordem em que elas aparecem no estudo.

PARTE IV
FORMATAÇÃO
DOS SLIDES

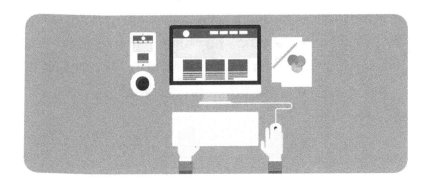

Acompanhe os principais aspectos para garantir a legibilidade de seus slides:

O contraste

Nessa parte, **você deve lembrar que a visibilidade está associada, principalmente, ao contraste.** A opção por um fundo branco ou claro com letras de cor preta é o recomendável. Esses tipos de tonalidades cansam menos os ouvintes e estabelecem uma melhor combinação com as ilustrações. **Nunca use um fundo claro com letras claras!**

Outro aspecto importante a ser observado, ainda, em relação ao plano de fundo dos slides é a necessidade de **assegurar o mesmo em todas as lâminas para manter um padrão visual.**

Sobre o uso da Cor

A harmonização das cores é uma maneira de captar a atenção das pessoas, pois certas combinações de cores são desagradáveis aos olhos de quem vê, enquanto outras são muito aprazíveis.

Cores "quentes" são utilizadas para refletir entusiasmo, energia, paixão e felicidade. Cores "frias" dão a sensação de calma e profissionalismo.

O uso da cor nos slides devem ter fins didáticos e não "poéticos", ou seja, a intenção é viabilizar e acelerar a compreensão dos principais elementos de forma mais intuitiva.

Use cores para destacar as informações mais relevantes e ajudar a distinguir, por exemplo, variáveis do estudo, colunas de gráficos, traços contínuos de traços pontilhados, para realçar partes do textos, ilustrações, entre outros. Para fazer isso, opte por tonalidades de cores mais fortes (ex., azul, verde, vermelho).

Evite o excesso de cores para não prejudicar a visualização.

Tipo de letra

Padronize a fonte e evite ultrapassar mais de dois tipos: uma para os títulos e outra para escrever as informações textuais. Além disso, prefira fontes mais conhecidas, sem serifas e compatíveis com todas as versões do programa PowerPoint, tais como: Arial, Verdana ou mesmo a padrão Calibre.

Letra como Times New Roman embora seja muito comum em textos científicos e acadêmicos (ex., artigos, monografias, dissertações, teses) assim como fontes cursivas, aquelas que se assemelham a escrita à mão, devem ser evitadas para não prejudicar a leitura.

Tamanho da Fonte

Para evitar submeter os ouvintes a um teste de acuidade visual, sugere-se que a fonte do texto deve ter tamanho maior que 20. Em relação aos títulos no corpo das transparências, indica-se um tamanho entre 24 a 28 e o do slide inicial entre 36 a 54 (de preferência sempre centralizados). **Lembre-se que o tamanho da fonte pode diferir em função do tipo de letra.** Saber disso auxilia na hora de ajustar sua dimensão nas lâminas.

Quantidade de Texto

Tente não ultrapassar 6 linhas com informações textuais e 6 palavras em cada linha. Isso ajuda a contribuir para uma boa visibilidade dos dados nos slides.

Lembre-se que a quantidade de informação escrita influencia na densidade do conteúdo. E quanto menos denso melhor, pois facilita a apresentação das informações. Evite dividir a atenção dos ouvintes entre a fala do apresentador e a leitura do teor escrito exposto nos slides.

Ilustrações

Utilize ilustrações (ex., gráficos, figuras, diagramas, imagens, tabelas, quadros) de forma moderada, procurando enfatizar as informações mais relevantes no próprio slide e para efeitos didáticos: auxiliar os ouvintes na compreensão do conteúdo das transparências. Evite colocar mais de uma ilustração por lâmina e assegure a sua visibilidade. Elas também cumprem a função de lembrar a você o que falar, sem precisar ler.

Em relação às imagens, utilize as de alta resolução e que tenham relação com o conteúdo que será transmitido, de modo a auxiliar o ouvinte na compreensão das informações. Evite, portanto, as de baixa resolução, as desfocadas, e com texto ou marca d'agua, uma vez que podem empobrecer a qualidade da apresentação visual. E nunca distorça a imagem!

Sobre o material gráfico, utilize um elemento gráfico por slide como já foi mencionado anteriormente, e não esqueça de colocar legenda. **Procure trabalhar com poucas cores neles para facilitar a compreensão, a leitura desse recurso visual e reduzir as possibilidades de erros de interpretação.** Por exemplo, em um gráfico de barra busque usar apenas duas cores.

No caso das tabelas, procure usá-las com uma quantidade de informações limitada e de forma bem objetiva. Evite tabelas grandes e com poucos resultados relevantes. Busque expor nelas apenas o necessário para facilitar a compreensão dos ouvintes.

Outras informações

Não se esqueça de **enumerar os slides** de sua apresentação. Esse procedimento, além de contribuir para a organização das lâminas, pode se revelar muito importante, principalmente, durante o momento de abertura para perguntas do público. Por exemplo, alguém pode solicitar que você volte a alguma das transparências para esclarecer melhor uma ideia. Ter os slides enumerados facilitará encontrar as informações de forma mais rápida.

Procure preservar as **margens dos slides** para garantir a visibilidade de todos os elementos incluídos neles.

Somente use **efeitos visuais** com algum objetivo, visto que eles tendem a desviar a atenção dos ouvintes do conteúdo para o show das animações e transições. Além disso, você pode precisar de ajuda para passar os slides e a pessoa que fará isso, provavelmente, não sabe como as informações foram organizadas neles, o que pode gerar uma confusão na quantidade de "cliques" para passar cada efeito e, consequentemente, ocasionar uma falta de sintonia entre a fala do apresentador e o conteúdo.

Na hora de preparar os slides, lembre-se: "menos é mais", então, opte sempre pelo caminho da simplicidade e do bom senso, **não se esquecendo que a forma como o conteúdo é organizado nas transparências deve direcionar o público por onde começar a ler, assim como localizar a informação**

mais relevante. As partes 3 e 5 desse livro exemplificam isto.

Após terminar de preparar os slides de sua apresentação, mostre-os para alguém de sua confiança e verifique se os mesmos podem ser compreendidos facilmente. Esse procedimento é muito importante, pois o que é obvio para você não significa que seja para os outros.

PARTE V
EXEMPLO
DE APRESENTAÇÃO
DE SLIDES:
PASSO-A-PASSO

E m situações em que a comissão organizadora do evento disponibiliza os slides, eles costumam indicar o que querem que o(s) autor(es) do trabalho coloque(m) na primeira lâmina, geralmente, eles pedem título, nome do(s) autor(es), cidade/estado e o ano. E a logomarca já vem presente na transparência.

Nota: Os slides apresentados aqui foram elaborados para fins didáticos: auxiliar o leitor na compreensão das informações contidas nesse material.

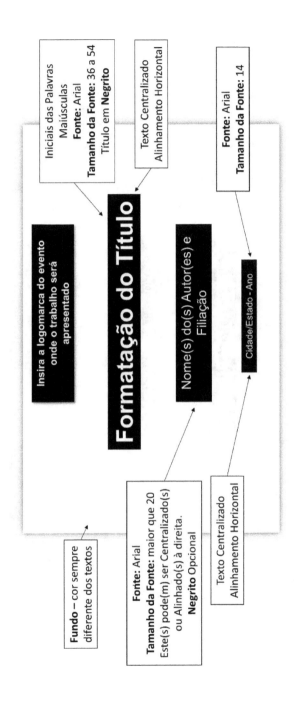

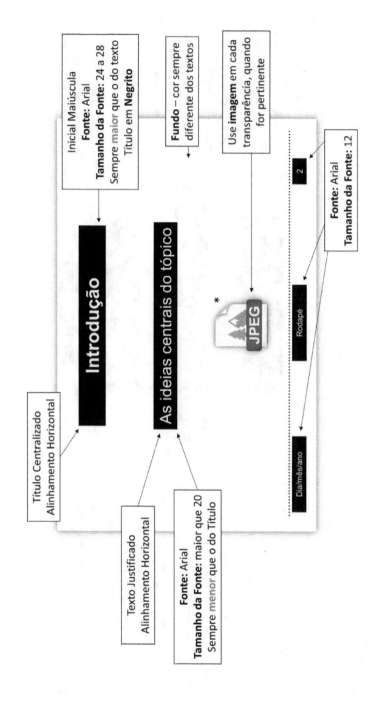

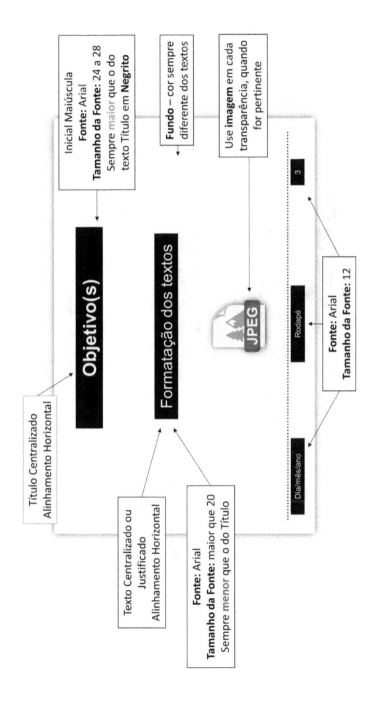

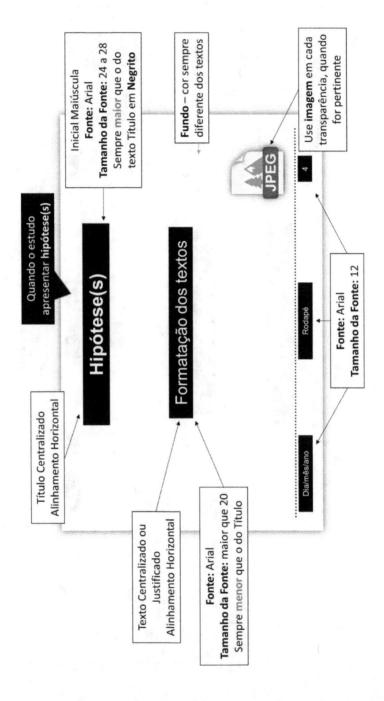

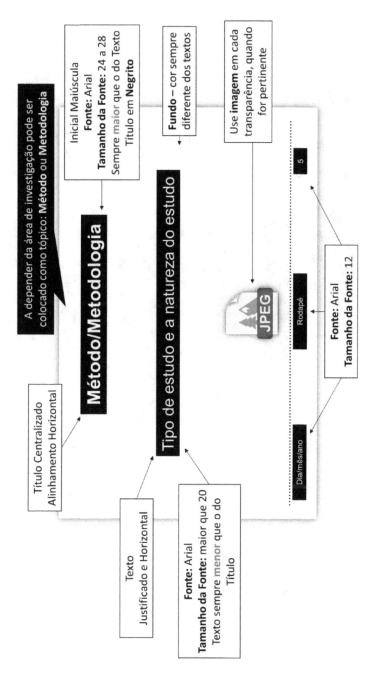

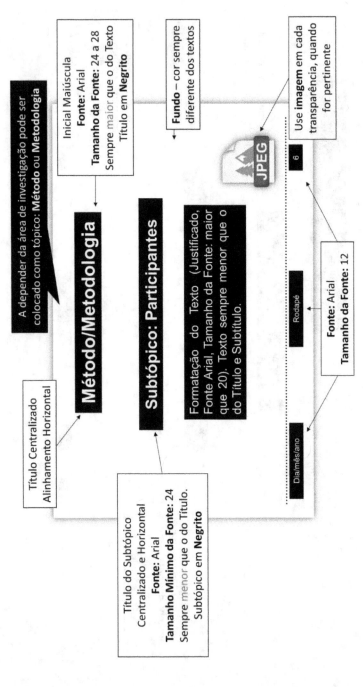

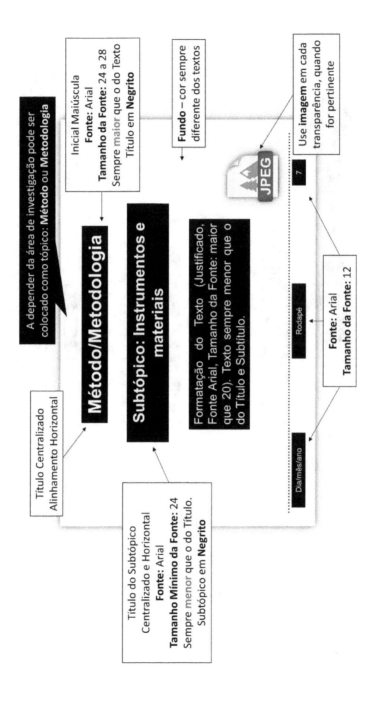

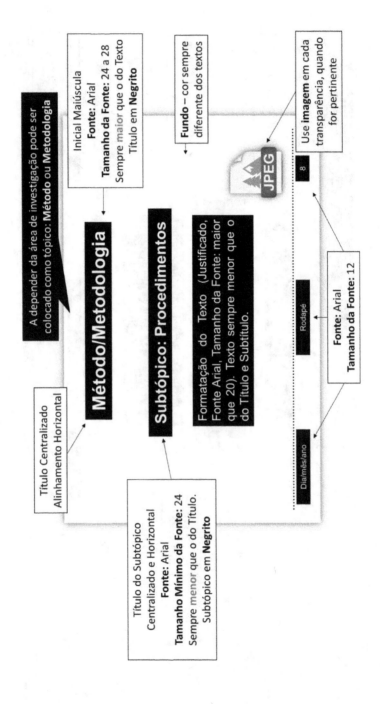

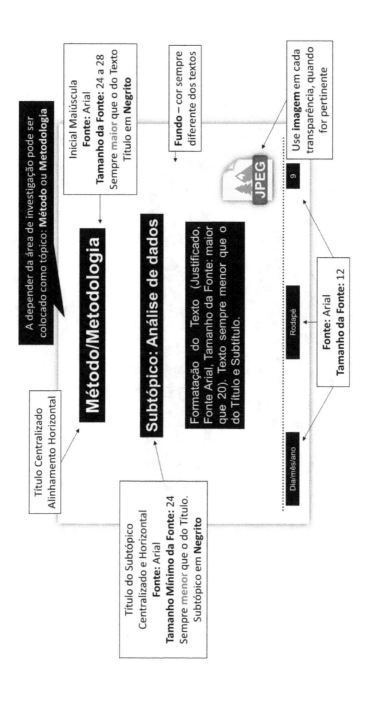

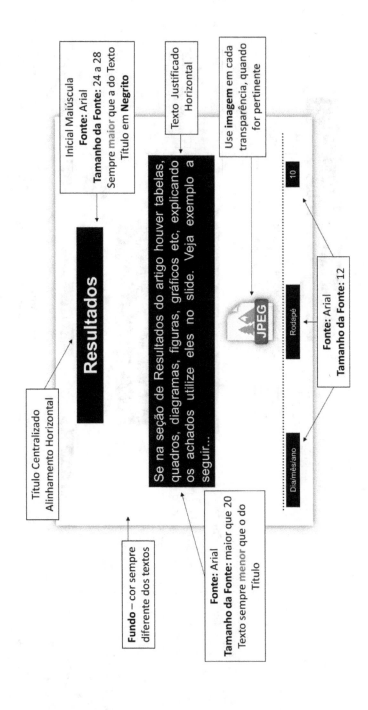

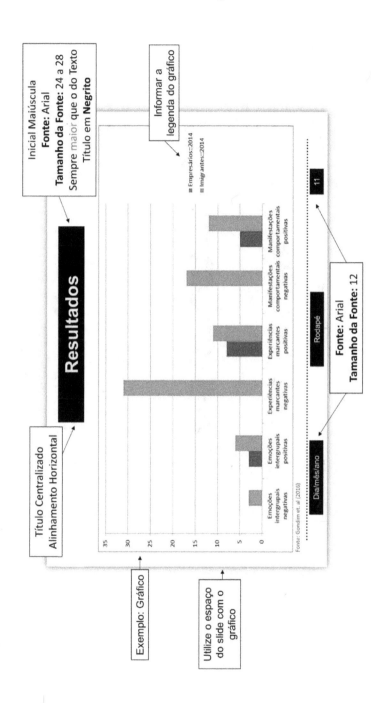

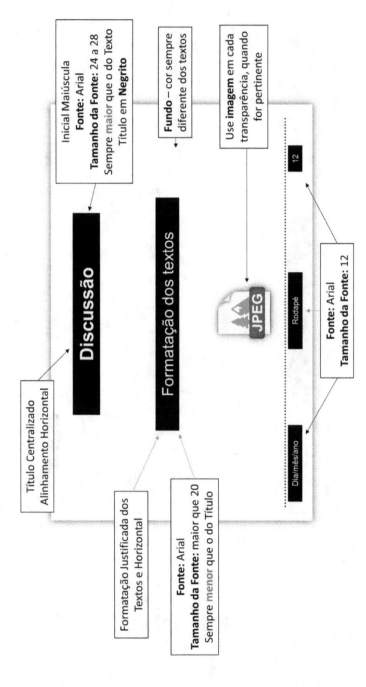

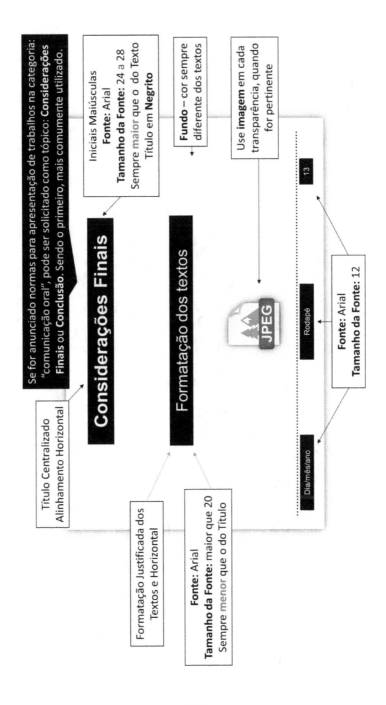

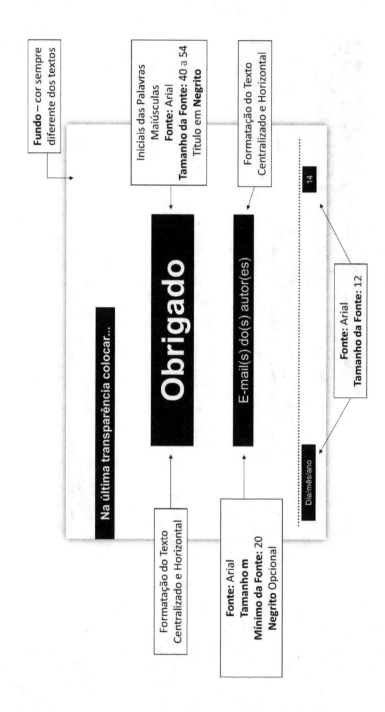

BÔNUS
ENSAIANDO
A APRESENTAÇÃO
DE FORMA EFICAZ

N a hora de se preparar para uma apresentação procure primeiro ensaiar sozinho(a). Se possível grave sua fala para depois você examinar em que parte precisa melhorar. Verifique também se o tempo que demorou para apresentar está de acordo com o que necessita.

Apresente para amigos, colegas, família e/ou para o grupo de pesquisa, caso faça parte de algum. Peça para eles destacarem pontos positivos e negativos.

Não pare de ensaiar até a apresentação se tornar fácil, você estiver se sentindo seguro(a) e falando de forma natural.

O ensaio é o segredo para uma boa apresentação. Quando você pratica, você ganha confiança, domina a fala, consegue gerenciar melhor suas emoções, aumenta as chances de garantir uma apresentação bem sucedida e evita o famoso "deu branco".

E se no momento que antecede a apresentação você perceber que está ficando nervoso(a) ou tenso(a), respire profundamente quatro vezes, tendo o cuidado de inspirar o ar pelo nariz e soltá-lo pela boca. Essa técnica de respiração costuma ser muito eficiente nessas situações.

Após a apresentação, perguntas podem emergir da plateia para você responder, logo, não basta só apresentar bem, é preciso também ter um conhecimento mais aprofundado sobre o conteúdo abordado.

Chegou a hora de se lançar...

Como vimos no início desse livro, os slides contribuem para o êxito de nossa apresentação oral e para a qualidade do evento onde esta se insere.

Mas, agora que você aprendeu como produzir slides inteligentes, pode se lançar tranquilo(a), porque você já conhece as etapas a serem percorridas.

Faça bom proveito deste material.

Caso tenha gostado, indique esse livro para colegas, amigos, alunos ou ainda para quem você acredita que precisa desse conhecimento. Envie também um comentário com sua opinião sobre esse material para o endereço eletrônico (crlconsultoria@outlook.com.br) ou ainda para meu e-mail pessoal (danielacrl27@gmail.com). Vamos adorar saber!

Espero que esse livro tenha sido bastante esclarecedor. Mas, não se esqueça, se ainda restarem dúvidas, faça sua pergunta. Terei muito prazer em respondê-la.

Um forte abraço!

Daniela

Sobre a Autora

Daniela de Lima é fundadora da CRL Consultoria, uma empresa que promove cursos para pesquisadores, estudantes e pessoas interessadas em fazer uso do software ATLAS.ti - ferramenta de análise de dados qualitativos. Atualmente cursa mestrado em Educação pela Universidade Estadual de Feira de Santana (UEFS), no Estado da Bahia.

www.crlconsultoria.com.br

Glossário

ABNT – Associação Brasileira de Normas Técnicas

APA – Associação Americana de Psicologia

Ergonomia – é o estudo científico das relações entre homem e máquina, visando uma segurança e eficiência ideais, no modo como um e outro interagem.

Fontes com serifas – são os pequenos traços e prolongamentos que ficam nas extremidades das letras.

Fontes cursivas – são letras que se assemelham a escrita à mão.

JPEG – é um formato de arquivo amplamente utilizado para salvar as ilustrações (ex., fotos, imagens, figuras) no computador.

PowerPoint – ferramenta computacional amplamente difundida no meio acadêmico para preparar slides para apresentações acadêmicas e científicas.

Referências Bibliográficas

Birdwhistell, R. L. (1970). *Kinesics and context*. Philadelphia: University of Pennsylvania Press.

Carmo, J. D. S., & Prado, P. S. T. D. (2005). Apresentação de trabalho em eventos científicos: comunicação oral e painéis. *Interação em Psicologia*, 9(1), 131-142.

Creswell, J. W. (2010). *Projetos de pesquisa: métodos qualitativo, quantitativo e misto*. Porto Alegre: Penso.

Ferreira, M. C. (s.d.). Algumas sugestões ergonômicas de como preparar transparências "mais transparentes" para uma comunicação oral. Texto Pedagógico, Laboratório de Ergonomia, Instituto de Psicologia, Universidade de Brasília, Brasília, DF.

Gondim, S. M. G., Techio, E. M., Lima, D. C. R., Carias, I. A., Pacheco, S., Becker, J., Rocha, A. C., Magalhães, L. (2016). Percepção de amabilidade e hostilidade para com estrangeiros: um estudo qualitativo. *Psicologia e saber social*, 5(2), 91-111.

Hatje, V. (2009). Como preparar uma boa apresentação científica?. *Revista Educação, Tecnologia e Cultura*, 7(6), 29-33.

Houaiss, A., & Villar, M. S. (2001). *Dicionário Houaiss da Língua Portuguesa*. Rio de Janeiro: Objetiva.

Palmerston, V. B. (2015). Apresentações orais e acadêmicas. Em Braighi, A. *Comunicação, linguagem e análise do discurso: notas do seminário de oratória* (pp. 31 – 43). Rio de Janeiro: E-papers.

Pinto, D. (2012). Dicas para apresentação de comunicações orais e posters. Lisboa. Disponível em: http://www.danielpinto.net/trabalhos/dicas_comunicacoes_po sters.pdf.

Romani, L. A. S., & Traina, A. J. M. (2009). Como tornar sua apresentação atrativa e interessante. *SBC Horizontes*, 7(3), 27-31.

Sampieri, H. R., Collado, C. F., & Lucio, P. B. (2006). *Metodologia de pesquisa*. São Paulo: McGraw-Hill.

Sobre a Casa do Escritor

A Casa do Escritor é uma consultoria que presta serviços e auxilia escritores no processo de autopublicação e divulgação de seus livros.

Saiba mais e conheça os livros lançados em **casadoescritor.com.br**

CASA DO
ESCRITOR

www.casadoescritor.com.br

www.ingramcontent.com/pod-product-compliance
Lightning Source LLC
La Vergne TN
LVHW051747050326
832903LV00029B/2778